ICRAS Ideas Fundamentales: Marketing para Abogados

Rainer Lorenzo et al.

Published by ICRAS, 2022.

Ideas Fundamentales: Marketing para Abogados

Rainer Lorenzo

Ricardo Martínez Ceruzzi

Giovanni Rossomando

ICRAS

www.icras.net[1]

First edition – 2021

---

1. http://www.icras.net

Tabla de Contenido

I. El ejercicio del derecho como negocio

Los abogados, y en general todos los profesionales, recibimos formación técnica sobre nuestra carrera en las aulas universitarias, pero no se nos enseña a cómo ejercer y mucho menos, a cómo gestionarnos de manera que podamos desarrollar un modelo de negocios exitoso en el marco de nuestro ejercicio profesional.

Aquí es donde aspectos como marketing empresarial, marketing digital, gestión de recursos humanos, entre otros, juegan un rol fundamental. El ejercicio profesional visto como un medio de subsistencia y generación de riqueza no debe ser entendido como algo reñido con la ética.

Por ello encaminar la formación de un Despacho de Abogados es una labor que debe comprenderse desde el punto de vista de sustentabilidad, generación de riqueza y acceso a mejor calidad de vida para sus integrantes, quienes se suman a ese equipo con esa visión, la cual es perfectamente viable y es legítima.

Todo aquel que forma parte de una Firma de abogados y tiene además un rol de dirección en la misma, entiende perfectamente que su bufete, al igual que muchos otros, se rige por las leyes del mercado.

Y precisamente porque el desempeño de toda firma de abogados está marcado por el desenvolvimiento del mercado y sus normas, es que se está en la obligación de generar negocios y servicios profesionales, pues son el medio de generación de riqueza, de proyección de crecimiento del propio despacho de abogados, así como el de sus miembros, y de la construcción de una carrera profesional que cuente con trayectoria, credibilidad y prestigio.

La conducción de una Firma de Abogados como entidad generadora de riqueza, bienestar, proyección y crecimiento profesional de sus miembros se nutre también de la aplicación actualizada de recursos de marketing digital y convencional, además de todo lo que la implementación de nuevas tecnologías supone para una mejor prestación de sus servicios.

Cuando hablamos del ejercicio de una profesión por lo general consideramos dicha actividad como algo ajeno a la actividad comercial. ¿Puede ser el ejercicio de la profesión de abogado, un negocio? Y es que el ejercicio de una profesión no está reñido con la visión de prestación de servicios remunerados como actividad económica, por lo tanto, inclusive comercial.

El ejercicio de la profesión de abogado devenga el derecho a percibir honorarios por tal actividad. Cuando recordamos la célebre frase: "Toda consulta genera honorarios", nos ubicamos en el carácter civil de la actividad, que no está vista como un acto de comercio en el sentido subjetivo de que el abogado no es un comerciante, sino un profesional en ejercicio percibiendo una remuneración por la prestación de sus servicios.

En el sentido más amplio, los honorarios profesionales se entienden como la remuneración que percibe un profesional liberal por su trabajo. Así los servicios por los cuales se pagan honorarios suelen estar relacionados al ejercicio de una profesión de manera liberal o autónoma. Esta noción no existe en el ámbito de los servicios gratuitos que otorga el Estado, por ejemplo, la asistencia en casos de defensa criminal, donde el usuario no dispone de opción de elegir a sus representantes, no hay libertad de contratación de los servicios, los cuales son pagados por un tercero.

Sin embargo, antes de entrar en las posibilidades de la actividad profesional del abogado, debemos recordar además algunas características de la remuneración – honorarios – del abogado. En primer lugar, como ya mencionamos, se trata de una remuneración de naturaleza civil, por lo cual no se encuentra sujeta a otras regulaciones legales más que las derivadas de las condiciones de contratación entre abogado y cliente, y el marco regulatorio civil del país respectivo. En segundo lugar, se trata de una remuneración vinculada a la prestación de servicios de profesionales liberales, esto es, por personas bien sea de manera individual, o agrupadas en equipos de prestadores de servicios profesionales –en nuestro caso las Firmas o Bufetes de Abogados -, sin que exista relación de dependencia o subordinación de tipo laboral con el contratante de dichos servicios.

El contrato de servicios profesionales es el acuerdo o vínculo consensual bilateral mediante el cual un prestador de servicios profesionales –el abogado en este caso – realiza una serie de actividades en uso de sus conocimientos, habilidades y destrezas académicas y personales en ejercicio de su profesión, de manera autónoma, sin subordinación laboral o dependencia consistente en la potestad de impartir órdenes en la ejecución de la labor contratada, a cambio de una remuneración por tales actividades.

De las condiciones que se establezcan en un contrato de servicios profesionales de abogado pueden derivar varias posibilidades de percibir remuneraciones. Por ejemplo, si se establece un servicio que contemple horas de consultoría, o bien estudio y redacción de documentos; o la asistencia en procedimientos contenciosos; las posibilidades de gestión remunerada son diversas. En la mayoría de dichas posibilidades de servicio y remuneración, estaremos ante la figura de los honorarios profesionales. En el caso de la asistencia en procedimientos contenciosos, además de los honorarios profesionales como remuneración, también entran en consideración las llamadas costas procesales y la *cuota litis* que se acuerde, en caso de resultar favorable la decisión que resuelva el litigio en particular.

Sin perjuicio de lo anterior, la actividad profesional del abogado puede abarcar diversidad de posibilidades. Desde la consultoría privada de manera liberal a clientes individuales y empresas, pasando por la prestación de sus servicios bajo una relación de dependencia laboral, caso de excepción en el que el abogado no percibe honorarios, sino un salario, bajo todas las regulaciones en materia laboral aplicables, hasta el ejercicio de la actividad docente y la investigación académica.

Sin embargo, consideramos que el abogado puede enfocar su actividad profesional de manera organizada, procurando que la prestación de sus servicios ocurra bajo la administración de recursos físicos, económicos y humanos, en lo que constituye la creación de una figura bajo personalidad jurídica y con las formalidades para cumplir con la actividad de prestación de servicios.

En toda relación de negocios existe entre otros aspectos, un ánimo de lucro a cambio de la prestación de un servicio, o el suministro de un bien. Esto se encuentra presente de igual modo en una relación de negocios en el marco de la prestación de servicios profesionales.

Los potenciales clientes no suelen encontrarse en capacidad de determinar a ciencia cierta la idoneidad de tal o cual firma de abogados, o su nivel y calidad de experiencia en una determinada área legal. Entonces, ¿qué los motiva a contratar a una firma de abogados en particular?

Lo que estos potenciales clientes sí pueden calificar es el nivel y calidad de relación que tienen con los abogados de esa firma en particular, pues los clientes ciertamente son expertos en calificar si son realmente valorados y atendidos.

Las firmas de abogados no venden su nivel de expertos aunque se promocionen por los canales y estrategias de marketing adecuadas a su caso, lo que sí venden es una relación abogados-cliente de calidad, ésta última calificada por los potenciales clientes desde el momento en que ellos solicitan una consulta o ingresan a las oficinas de esa firma de abogados. El cuidado de esa relación de negocios ha de ser el centro de atención en el que los profesionales del Derecho. Por lo tanto, deben esmerarse en destacar del resto, diferenciarse, aportar valor agregado, hacer un nombre, una marca y abrirse paso en un entorno altamente competitivo.

Si bien es cierto que existe mucha competencia en todas las áreas del ejercicio de la profesión de abogado, lo que distinguirá al profesional del Derecho será su forma de conectarse con el cliente, su capacidad para ejecutar su trabajo y el manejo de sus relaciones comerciales. En una firma de servicios legales lo que en verdad se vende es una relación en un contexto de negocios.

El Derecho es un negocio de servicio intelectuales. El ejercicio del Derecho es una actividad que debe ponderarse como la prestación de una calidad de servicios y trabajo, basados en las destrezas y habilidades del abogado o equipo de abogados, con visión de mantener en el largo plazo relaciones productivas y fluidas con sus clientes, logrando a través de ello posicionarse en un mercado altamente competitivo, y procurándose con base al buen servicio brindado a sus clientes, una oportunidad de generar riqueza, en el contexto de relaciones de negocios.

II. El servicio como propósito de una firma de abogados.

Si como líder de tu firma de consultoría jurídica empleas tu tiempo en actividades que te hagan avanzar y contribuyan a crear tu legado, estarás haciendo lo correcto y viviendo de la manera en que por naturaleza deberías vivir, comienzan a surgir capacidades en ti que desconocías y la persona que de verdad eres se manifiesta completamente.

Ahora bien, ¿cómo lograr que el resto de la organización sienta que tu liderazgo está marcando la diferencia, que estás dejando una huella significativa que impacta en todos y, que se sientan parte de algo relevante?

Gary Hamel (2009), destacado gurú del mundo gerencial dice que los líderes de negocios "tienen que encontrar vías para impregnar las actividades empresariales de ideales profundos y que muevan el alma, como el honor, la verdad, el amor, la justicia y la belleza".

Esta es una forma de impactar la organización de la intención, el compromiso y de lograr la fidelidad hacia una causa superior sostenible en el tiempo. Y no hay la menor duda de que el mundo puede ser un lugar mejor gracias a que el liderazgo se esfuerza por brindar un servicio excepcional a los clientes.

Cuando queda expresamente claro dentro de la organización el valor del servicio, se facilita su implementación y asimilación como uno de los principios rectores clave para el logro de sus objetivos.

Miriam García (2009) señala que no se trata de una función de *staff*, propia de un departamento, sino de la convicción y fuerza interna que guía a cada individuo a ofrecerlo como resultado de su aceptación consciente, de que lo considera positivo y lo toma como parámetro de vida.

Si identificamos cada departamento, función de la empresa, cabe preguntarse: ¿cuál de ellos es el más importante de la organización? ¡Todos son importantes! Efectivamente si uno de ellos falla, la empresa limita la calidad y eficiencia de sus servicios. El servicio es muy valioso para las empresas que están presionadas por la competencia.

En la actualidad, los negocios de mayor éxito se centran en el servicio, no en el precio. Después de todo, la competencia en precios produce compradores, pero no (necesariamente) clientes. Cualquiera puede bajar sus precios.

Pero si damos a nuestros clientes algo valioso, algo como tratarlo de forma personalizada, se mostrarán dispuestos a pagar el precio que les pidamos y volverán una y otra vez.

Sin embargo, ofrecer un buen servicio constantemente puede ser bastante difícil. Esto se debe a que el servicio al cliente lo dan los colaboradores y, los humanos son menos constantes que las máquinas.

Por esto, si logramos identificar a cada miembro del equipo de trabajo de manera individual, igualmente se observa la importancia y trascendencia de todos y cada uno sobre la función total de servicio de cualquier organización.

La mayoría de los directivos no comprenden que el servicio al cliente es realmente una acción de ventas. Servicio es "vender" puesto que estimula a los clientes a regresar a la empresa con mayor frecuencia y a comprar más.

De ahí que las empresas que quieran ofrecer un buen servicio al cliente deberán inculcar esta creencia en sus empleados durante largo tiempo, hasta que el "servicio excepcional" se transforme en propósito y en parte de la cultura corporativa.

De todos modos, aunque lleva bastante tiempo y esfuerzo construir una tradición y reputación de buen servicio al cliente, se trata de un activo estratégico valioso.

Una vez que una empresa se ha ganado la fama de ofrecer un servicio excepcional, puede mantener esta ventaja durante mucho tiempo porque para cualquier empresa de la competencia es difícil desarrollar una reputación comparable.

El manejo de los clientes externos es, por definición, fundamental en los negocios de servicios profesionales, concretamente los servicios de abogados. Entre sus características diferenciales encontramos las siguientes:

Del segmento de mercado al individuo. Su planteamiento estratégico es del tipo "Alta costura", por cuanto existe una máxima personalización del servicio.

Baja estandarización del servicio: el caso sometido a experticia del profesional debe atenderse de acuerdo a las circunstancias de hecho y de derecho del caso concreto.

Suele prestarse por personal senior especializado en el área de interés del cliente.

Costos y precios elevados.

Se privilegia la confidencialidad abogado-cliente.

Excelencia en el servicio (5 estrellas).

También, y en el caso de los clientes internos, mantener una cultura de servicios es fundamental porque siempre sirven a los clientes, son asuntos de personas sometidos a la consideración de personas y requieren de gerentes hábiles que puedan manejarse en la delgada línea entre las necesidades de la organización, de los colaboradores y los clientes.

Existe una relación muy clara entre la satisfacción del colaborador y la satisfacción del cliente. Digámoslo de otra forma, si quiere satisfacer a sus clientes, ¡la satisfacción del cliente interno es fundamental! La cara pública de una empresa de servicios profesionales es su personal de contacto (recepcionista, asistente administrativo, pasante legal, abogados, etc.).

Los clientes tienen expectativas: este es un concepto muy importante. Un problema muy común al iniciar la planificación del sistema del servicio es determinar cuál es el nivel de expectativas de sus clientes por la siguiente razón: si hacemos menos de lo que los clientes esperan, el servicio será malo; si hacemos más de lo que los clientes esperan, el servicio será percibido como algo superior.

Los clientes no distinguen entre la organización para la cual trabaja y tú. Ni tampoco debieran hacerlo. En la mente de tu cliente, tú eres la empresa. Los clientes no saben cómo se hacen las cosas detrás de las puertas que tienen letreros "empleados solamente". No conocen las áreas de responsabilidad, la descripción de tu cargo, ni lo que puedes o no puedes hacer por ellos. Y tampoco les importan estas cosas. Para los clientes, esas cosas son de tu empresa, tuyas, no de ellos.

La actitud y enfoque de ellos son claros y sencillos. "Ayúdeme con este caso, por favor", "sírvame de representante legal", "resuelva mi problema", "atienda mi conflicto, *ahora*". Los sentimientos buenos o malos que tengan los clientes actuales hacia la firma, con frecuencia se relacionan directamente con la experiencia que han tenido previamente contigo y la forma en la cual has contribuido a satisfacer sus necesidades.

Cada interacción con tu cliente es un momento de la verdad en el ciclo del servicio. Tomando en cuenta las características de excelencia y alta personalización del servicio profesional arriba señaladas, probablemente estarás borrando de la mente de tu cliente los recuerdos del buen trato que había recibido hasta ese momento, si llegaras a brindar el servicio y te equivocas en alguna etapa del ciclo.

Pero si aciertas, tienes la oportunidad de deshacer los desaciertos que pudieran haber ocurrido antes de que el cliente llegara a tu firma.

Si tienes claro que el propósito de tu firma es el servicio excepcional al cliente, vas por buen camino. De todos modos, debes tener claro que lo que tus clientes desean y necesitan cambia constantemente. Igual sucede con tu empresa y contigo.

Seguro te surge la interrogante: ¿cómo puedo mantenerme al tanto?

Permite que las 3 preguntas siguientes guíen tus esfuerzos de atención personal. No te las preguntes ni se las preguntes a tus colaboradores una sola vez, sino hazte estas preguntas continuamente:

¿Qué quieren los clientes de mí y de mi empresa? Piensa en lo que tus clientes necesitan y lo que esperan. Si no sabes, averigua. Los colegas abogados y colaboradores experimentados tendrán una buena idea de ello.

¿Cómo trabajan las funciones de apoyo y soporte para servir a mis clientes? Toma en cuenta tu propio papel en ayudar a que las diferentes áreas de tu firma trabajen en armonía para los clientes. ¿A quién necesitas a tu lado para que te socorra en ayudar a los clientes?

¿Cuáles son los detalles, las cosas pequeñas, que influyen grandemente en la satisfacción de mis clientes? El servicio profesional excepcional significa prestar atención a lo que es importante a los ojos de tus clientes. ¿Sabes realmente lo que cuenta para tus clientes?

Ser la empresa para tus clientes es lo que hace que el trabajo que desempeñas sea desafiante y gratificante, que tenga propósito y trascendencia. En el contacto individual con los clientes, la empresa que una vez parecía vaga e impersonal cobra forma y adquiere sustancia.

El poder de hacer que ese contacto sea mágico y memorable está en tus manos. El poder de hacer que los clientes sigan volviendo está en tus manos.

III. Definición y medición de la calidad del servicio jurídico.

No es lo mismo comprar un champú, una camisa o una bebida refrescante que comprar los servicios de un abogado, porque corresponden a dos mundos diferentes: tangibles e intangibles, respectivamente.

En el mundo de los productos tangibles, el producto se separa e independiza de quien lo fabricó y se consigue en anaqueles y estanterías de los diversos puntos de venta que los distribuyen.

En cambio, los servicios profesionales están constituidos por "relaciones" que se establecen entre el productor y el usuario en el momento en que dicho servicio se presta. De ahí que la clave del éxito en los servicios profesionales radica en asegurar la calidad en la prestación del servicio.

Una vía ideal para ello es procurar su constante satisfacción, cumpliendo y, por qué no, superando las expectativas de los clientes, lo cual se traduce en el mantenimiento de relaciones a largo plazo.

La calidad del servicio y la creación de ventajas competitivas mediante la implantación de programas de atención al cliente son el factor distintivo de la "excelencia" entre empresas de servicios.

La simultaneidad del proceso producción-consumo que se presenta en los servicios profesionales, dificulta la corrección de los errores y desviaciones propias del concepto "cero defectos" formulado por el tratadista Phil B. Crosby.

Este modelo de gestión de la calidad es adecuado para el sector de la manufactura y es de imposible materialización en el sector servicios. En cambio, el modelo "cero deserciones", propio del sector servicios, centra sus esfuerzos a que los clientes no se vayan con la competencia.

La Calidad Total y el servicio al cliente

En la década de los 80, la filosofía empresarial que significó una revolución en el mundo de los negocios se denominó gestión de la calidad total (TQM, por su sigla en inglés), la cual impregna a toda la organización, desde el instante en que la materia prima llega a la fábrica hasta el momento en que salen los productos terminados.

Mestres Soler (2004), explica las cinco estrategias que determinan esta filosofía:

El cliente como "prioridad" de la empresa.

El beneficio se consigue al conocer "cómo satisfacer mejor" las necesidades de los clientes y al establecer relaciones interpersonales que generen fidelización.

La calidad como medio para conseguir la satisfacción del cliente.

Gracias a la gran cantidad de información circulante y disponible, los clientes pueden juzgar mejor su grado de satisfacción, respecto de lo esperado y lo recibido.

La mejora continua.

Según lo postulado por W.E. Deming, la mejora continua implica documentar y medir el sistema de TQM, mejorando y rediseñando las desviaciones en el proceso hacia el cual está orientado.

La calidad del servicio como resultado de la calidad de los procesos y del sistema de prestación de servicio.

Aspectos primordiales de la mejora continua.

La implicación de los Recursos Humanos.

La necesidad de favorecer una formación continuada como medio para el mejor desarrollo de los recursos humanos.

¿Cómo asegurar la calidad de un servicio?

Todos somos clientes y todos experimentamos el servicio al cliente a diario. Sabemos cómo pensamos, sentimos y qué es lo que queremos. Es un área en la que deberíamos ser expertos, y cuando un servicio es deficiente, sentimos su efecto y respondemos emocionalmente.

Por tanto, coincidimos con Stevens (2012) en que el servicio de calidad se refiere a la emoción de nuestros clientes, de cómo los hacemos sentir.

No obstante, y adicional a la experiencia emocional del cliente como indicador infalible del éxito o fracaso de nuestra estrategia de marketing de servicios, el diseño e implantación de políticas para que los servicios que reciben los clientes tengan la calidad demandada, es una herramienta que añade valor al aseguramiento de la calidad.

Villa (2014), define así el sistema de aseguramiento de calidad:

"El aseguramiento de la calidad es un concepto que engloba el conjunto de acciones planificadas y sistemáticas que son necesarias para proporcionar la confianza de los clientes de que un producto o servicio satisface sus necesidades, según los requisitos establecidos previamente o estándares de calidad, los cuales deben estar sustentados en la satisfacción de las expectativas y necesidades de usuarios y clientes."

Por ello, el aseguramiento de la calidad viene representado por un sistema documental normativo, en el cual se establecen reglas claras sobre todo el proceso operativo de prestación del servicio al cliente o usuario final.

Se verifica y vigila que a lo largo de todo el proceso se cumplan las instrucciones de ejecución y que se respeten las especificaciones técnicas y operativas del servicio.

Para poder encaminarnos hacia la excelencia, debemos contar con un sistema de calidad que tenga en cuenta el resultado: la satisfacción del cliente en cada momento.

Que nuestros clientes perciban lo buenos que somos y los beneficios que obtendrán como usuarios de nuestros servicios, será siempre una gran apuesta, dado que al sumar emociones (experiencias) positivas y mantener relaciones con ellos de largo plazo, se genera un tipo de "publicidad gratuita" cuyo efecto "boca a boca" es el santo grial de cualquier estrategia de marketing de servicios.

No hay nada más satisfactorio que realizar nuevos negocios a partir de recomendaciones, y cuando los clientes se convierten en prescriptores, realmente es un efecto viral digno de celebrar. Un sistema de aseguramiento de la calidad posibilita la mejora de la eficiencia basada en estas experiencias del cliente.

Otra modalidad de aseguramiento de la calidad del servicio es el manual de atención al cliente. Es una herramienta de carácter interno de la organización que sirve para implantar entre los colaboradores pautas de comportamiento, método de trabajo y los procesos con usuarios y clientes, incorporando las soluciones a las incidencias, quejas y reclamos.

Sirve de documento para la capacitación del personal y para ser entregado a cualquier interesado en la calidad del servicio organizacional.

Presentamos a continuación una guía para la instrumentación de cualquier estrategia de implantación de la calidad de servicio en firmas de servicios profesionales.

Trata a los clientes como socios a largo plazo. Escucha lo que expresan sobre sus necesidades y deseos. Solo luego de escucharlo es que cabe ayudarlos ofreciéndole los productos y servicios que satisfagan esas necesidades y deseos. Si pretendes que el cliente regrese una y otra vez durante un largo período, ese es el enfoque correcto.

Practica la recuperación del servicio. Procura no molestar o disgustar a tus clientes. Implementa la cultura de que alentar las quejas y los reclamos es un regalo para la gestión de la innovación empresarial. Establece directrices sobre lo que deberás hacer en caso de fallos en el servicio.

Sé empático. Mira a tu empresa a través de los ojos del cliente. La empatía es un ingrediente necesario en el sector de la consultoría profesional. La manera en que un problema del cliente es tratado resulta tan importante para el cliente, como la solución del problema en sí.

Practica el principio "algo más". Brinda más servicio del que prometiste o del que espera el cliente. Constituye una forma excepcional e increíblemente eficaz para lograr su fidelización. Cuando lo haces, les queda la sensación de que han hecho un buen negocio. Entregar más servicio del esperado es una "fórmula secreta" que a la competencia le costará imitar porque no suelen percibirlo. Se preguntarán ¿cómo lo hace?

Hazlo siempre mejor. Incluye en tu agenda de trabajo diaria responder las preguntas ¿cómo podemos hacerlo mejor? y ¿cómo lo lograremos?

En conclusión, obtener esa reputación de alta calidad en el servicio es un activo muy difícil de perder, dado que hemos enfatizado que se trata de percepciones y emociones de nuestros clientes que determinan dicha reputación.

Pero si te decides por programas y sistemas de aseguramiento de la calidad en tu negocio y le dedicas atención continua, reforzando los estándares de actuación y capacitación de tu gente, lograrás mantener el concepto de calidad en servicio "cero deserciones".

IV. Como las firmas de abogados dan un servicio excepcional a sus clientes.

¿Por qué en una firma de abogados deben preocuparse por brindar un servicio excepcional? ¿Será relevante para los clientes? La respuesta es SÍ.

Entonces, ¿por qué no hacer felices a los clientes actuales y lograr nuevos superando sus expectativas?

Ahora, más que nunca, es imprescindible aprender y aplicar técnicas de servicio al cliente que lo dejen boquiabierto. Al hacer esto, la firma logrará una ventaja sobre la competencia, llegará a las metas, obtendrá atención, será más rentable y, no menos importante, tendrá gente más motivada y serán mejores personas.

Una estrategia de servicio excepcional busca dejar una impresión positiva y duradera en los clientes, independientemente de la índole del servicio. Puede ser un hotel, una clínica veterinaria o una firma de abogados; en cualquier caso, se debe aplicar.

Performance Research Associates (2009) explica de una manera directa y breve cuáles son los principios fundamentales de un servicio fuera de serie:

> "El primer principio fundamental es comprender lo que es el buen servicio, desde el punto de vista de sus clientes. Lo que hace, cómo lo hace, saber lo bien que debe hacerse y volverlo a hacer una y otra vez, también son principios fundamentales.

Entregar un servicio fuera de serie significa crear una experiencia positiva y memorable en cada cliente. Significa cumplir expectativas y satisfacer necesidades, y hacerlo de modo tal que otros perciban que es fácil hacer negocios con usted. Significa buscar oportunidades para sorprender y deleitar a su cliente en formas únicas e inesperadas."

El cliente que experimente todos esos principios será tu cliente una y otra vez, te recomendará y al final todos ganan: tus clientes, tu firma y tú.

Debra Stevens (2012), recomienda algunas maneras de sorprender a tus clientes que son perfectamente aplicables análogamente en tu firma legal:

<u>Toque personal</u>. Es el contacto humano. Es sentirse genuinamente valorado y apreciado. Que el abogado se interese realmente por el caso sometido a su estudio, que recuerde el nombre, las necesidades del cliente y, quizá lo más importante, que lo haga sentir la persona más importante del mundo en ese encuentro de servicio.

Todos los miembros de la firma pueden crear un momento asombroso en cada contacto con el cliente: desde el personal que da la cara al cliente (recepción, asistentes administrativos y legal, etc.), abogados junior y seniors, asociados y socios y, lo mejor de todo, ¡es gratis!

Truco efectivo: Practica el arte de escuchar, escoge un lugar silencioso y tranquilo donde no haya distracción. Mantén contacto visual, no interrumpas, no revises el celular mientras escuchas. No te anticipes a lo que el cliente va a decirte. Si es posible, toma notas.

Al terminar de hablar, pregúntale: ¿Hay algo más que usted querría decirme? Repite o parafrasea lo que te ha dicho el cliente, así confirmas que has escuchado bien y tu cliente se sentirá escuchado, valorado y apreciado. Si recibes una queja, discúlpate. Disculparte es la mejor manera de hacer sentir al cliente que estás preocupado por él.

<u>Sea un experto</u>. Con la experticia se puede ser diferente y ofrecerles a los clientes momentos memorables. Se trata de ser experto en un área de práctica determinada. Los clientes son atraídos por aquellos profesionales que conocen su negocio y se apasionan por él.

Tener la voluntad de brindar consejos, compartir la experticia, explicar las estrategias, hacer recomendaciones, etc., hace regresar a los clientes. Tratar con un experto, dice Stevens, no solo es valioso para los clientes, también es extremadamente valioso para un jefe y, lo más importante, aumenta tu confianza en ti mismo y tu autoestima.

Truco efectivo: Procura establecer una política de formación continua dentro de la firma, así ganarás una reputación de servicio excelente. Reúnete periódicamente con tus colaboradores para actualizar el aprendizaje, pregúntales qué tipo de asuntos someten sus clientes a su consideración. Procura que todos obtengan retroalimentación efectiva con las respuestas, soluciones y habilidades que necesitan para abordar esos problemas.

<u>Fácil para hacer negocios</u>. Se refiere a que se pueden crear momentos sorprendentes simplemente facilitando las interacciones cliente-abogado. Deberás ser tan accesible a tus clientes como sea posible. Nunca serás "tan importante" para

aislarte por completo de la interacción con los ellos. De hecho, cuanto mayor sea tu autoridad, deberás ser más accesible y visible.

Truco efectivo: Aplícalo en el servicio virtual, a través del sitio web o de los medios sociales de la firma. No es necesario el contacto humano, pero jamás será prescindible. Nunca olvides que cualquier solución tecnológica sin el elemento humano, solo sería un caparazón vacío. Por esto, tengas atención por redes sociales o sitio web, necesitarás de alguien que atienda el teléfono cuando un cliente llame.

<u>Di que sí</u>. El "no" es un destructor de esperanzas y se puede interpretar como ausencia de esfuerzo. Cuando un abogado busca la forma de ayudar a los clientes que tienen un asunto legal que les aqueja, y siempre y cuando sea razonable tal situación o petición de ayuda, puedes tener la seguridad de que van a avanzar hacia un momento asombroso.

Algunos abogados suelen caer en negativas absurdas en nombre del secreto profesional, las políticas de empresa, los términos y las condiciones. A menudo se centran en una sola forma de hacer las cosas, quizás más barata o fácil, pero no necesariamente la mejor para ayudar al cliente.

Si la primera respuesta del abogado es un firme "no", el mensaje que le da al cliente es que ha tomado el camino más fácil y que no tiene interés en hacer esfuerzo alguno para satisfacerlo. Ser flexible no cuesta nada, pero solo es posible si el personal operativo tiene autoridad para tomar ciertas decisiones.

Truco efectivo: Antes de sentirte tentado a decir "no" a tu cliente, hazte estas 2 preguntas: ¿Es realmente política de la firma? ¿Qué podría decir en vez de esto? Adopta el proverbio chino que aconseja ser como el bambú: fuertes robustos y firmemente arraigados, pero capaces de doblarse con la brisa. Estudia el caso y busca alternativas antes de decir "no"; nunca digas "no" en la primera conversación.

<u>Confía en el cliente</u>. Steven señala la importancia de ver a los clientes como honestos, confiables y siempre esperar lo mejor de ellos. Se trata de nunca culpar al cliente, de respetar su punto de vista y darle el beneficio de la duda. Nunca les hagas sentir que actúan de forma deshonesta y te recompensarán con más negocios.

En la consultoría jurídica estas situaciones se facilitan con la alta personalización del servicio, donde el clima de confianza es un elemento esencial para el éxito de la relación cliente-abogado. De ahí que, en casos de recuperación del servicio, involucrar al cliente en la solución de un problema ayuda a restaurar la confianza. Por ejemplo: "Dígame otra vez qué estaba sucediendo cuando ocurrió el hecho".

Truco efectivo: Por encima de todo, cumple tus promesas. Si quieres estimular la honradez de tu cliente, mantén tus promesas y siempre haz lo que dices que harás.

<u>Honestidad</u>. Cuando hablamos de servicio al cliente excepcional, la honestidad es la *única* norma, ya que inspira el respeto de los clientes. Cuando un abogado se ve en la necesidad de dar una mala noticia a su cliente, le conviene ser franco y explicar con claridad lo que hará para resolver la situación.

Dará la impresión de que es una persona íntegra en la cual se puede confiar, que dirá la verdad sin importar las consecuencias. Ya lo decía el empresario Jon Huntsman: "Es negocio ser honrado".

Truco efectivo: Alienta en la firma una política que promueva prácticas del negocio honesto, un servicio al cliente de gran calidad e integridad.

<u>Sorprende a tus clientes</u>. Generalmente, los servicios legales están determinados por lapsos procesales, procedimientos administrativos y demás normas adjetivas que llevan a crear en los clientes una percepción del servicio aburrido, lleno de rituales y rutinas.

Por eso, si quieres que tus clientes te recomienden y así estimular un marketing boca a boca de tu firma, diseña una sorpresa inesperada que cause una reacción favorable de tu cliente. Esto le da una nueva experiencia que seguramente compartirá con otros potenciales clientes.

Si alguien conoce bien a sus clientes es su abogado, y saben muy bien qué esperar de él. De ahí que es bueno considerar cómo sorprenderlos, dándoles lo que no esperan.

Truco efectivo: Intenta tan solo superar sus expectativas con algo, como darles un servicio personal real haciendo pequeñas cosas (adelantar alguna diligencia, investigación o dictamen), sin darte por vencido fácilmente. Nunca lo olvidarán.

Para finalizar, Stevens destaca que antes de brindarles experiencias memorables a tus clientes, primero necesitas satisfacer sus expectativas en todas las áreas; no debes usar la sorpresa como distracción de su servicio deficiente.

V. Las personas como estrategia de gestión de una firma de abogados: colaboradores y consumidores.

Existen muchas causas y razones que están provocando la tendencia hacia la *especialización* del marketing en el sector servicios, y especialmente en las firmas de servicios jurídicos.

Aquí destacamos la simultaneidad de la producción y el consumo como una de las de mayor impacto diferencial con el marketing de productos tangibles.

La producción-consumo implica que por más que diseñemos un paquete de soluciones operativas para comercializarlas a nuestros clientes corporativos, el servicio se materializará real y efectivamente cuando sobrevenga la eventualidad que lo hace efectivo.

Nos referimos a soluciones como, por ejemplo, registros marcarios y/o de patentes de invención; conjuntamente o por separado, según las necesidades de protección de propiedad industrial que tenga el cliente.

Lo que ocurre anteriormente es el diseño del servicio, pero el mismo no está debidamente elaborado o "producido".

Siguiendo el ejemplo anterior, el cliente que desee proteger un determinado signo distintivo, tal como una marca comercial, deberá proporcionar información suficiente al abogado para lograr el éxito de la totalidad del servicio.

Vemos que en la elaboración del servicio la intervención del *factor humano* es determinante. Y el cliente representa un rol único de gran responsabilidad en la producción de un servicio de calidad.

Para que una firma de servicios legales tenga éxito, debe administrar el desempeño del consumidor. Los clientes pueden participar, en mayor o menor grado, en la producción de su propio servicio, a esto se le llama *desempeño del consumidor.*

Identificamos dos tipos de desempeño:

Novato: aquel donde el cliente no sabe qué hacer ni cómo desempeñarse. En los servicios jurídicos no corporativos son frecuentes. A menudo son, productos de circunstancias de hecho emergentes o sobrevenidas. Ej. Familia y sucesiones, penal, etc., donde suele tratarse de clientes personas naturales.

Experto: es aquel en el cual el cliente sabe cómo formar parte del proceso de producción y conoce el rol que debe desempeñar. Ej. Un banco que sea cliente con un nivel de desempeño experto en banca y finanzas, sabría cómo está orientada la asesoría legal en derecho bancario de la firma contratada.

La clave para manejar el desempeño del consumidor es entender su comportamiento durante las experiencias del servicio. Si se satisfacen o superan sus expectativas, entonces tendremos a un consumidor satisfecho y, por qué no, fascinado.

Así, se puede tener un punto de vista o perspectiva ideal para crear desempeños expertos y desarrollar sistemas para afrontar a novatos y expertos.

Las siguientes son 3 tareas principales que se deben realizar para administrar a los consumidores de servicios profesionales de firmas de abogados:

Realiza una auditoría del *expertise* sobre el desempeño del consumidor. Cuantifica cuál es el porcentaje de aquellos clientes con desempeño experto. Hazlo a través de una investigación de mercado.

Cuestionarios y observación en tiempo real que les permita a los clientes describir la experiencia del servicio.

Dado que en los servicios de abogados existe un sistema de alto contacto y dedicación personalizada, es posible realizar esta medición de manera que puedas calcular la calificación de tu cliente vs el desempeño de tu firma.

Incrementa la cuota de consumidores expertos. Se hace por medio de dos vías:

Atrayendo más expertos que ya existen. Por ejemplo, si la firma tiene una página web, podrías establecer unas métricas que te permitan segmentar a tus usuarios por su comportamiento al navegar por el sitio.

Estudios han demostrado que los usuarios de páginas web con desempeño experto son más leales.

Cuando diseñes un nuevo servicio, será importante ofrecer claves a los clientes acerca de dichos servicios, para que puedan hacerse expertos con rapidez.

Siguiendo con el ejemplo de la página web de la firma, cabe tener una sección de preguntas frecuentes o testimoniales de este tipo de clientes que sirvan de prueba social.

También, la socialización de la página. Esto es, presencia de la firma en medios sociales que faciliten la interacción con clientes expertos que hablen de su experiencia del servicio, videos tutoriales, etc.

Incrementa la lealtad. La firma que tiene clientes leales ahorra costos y es mucho más probable que sean también expertos, dado que su desempeño es producto de múltiples exposiciones a las experiencias de servicios.

Este tipo de clientes son valiosos y deben ser retenidos. Es el caso de firmas de abogados que ofrecen multiservicios en diversas ramas del derecho o en algún área de específica a clientes que se terminan "casando" con ellas por largo tiempo, estableciéndose así una relación mutuamente beneficiosa.

VI. Permítame presentarle a... su cliente. El comportamiento del consumidor de servicios jurídicos

Es parte esencial de la estrategia de marketing de servicios profesionales comprender profundamente los deseos y necesidades de los clientes antes de salir al mercado a comercializarlos. Si no conocemos a nuestros clientes, estaremos incurriendo en suposiciones que hacen que la insatisfacción sea algo ineludible.

Comprender profundamente al cliente nos permite explicar su comportamiento y, por tanto, arroja luces sobre las motivaciones de dicho comportamiento y sobre lo que debemos hacer para influir en él.

Hunter Hastings (2008) hace una distinción interesante:

"Conocimiento no es lo mismo que comprensión profunda. Nosotros podemos conocer algo sin comprender sus consecuencias. La generación de comprensiones profundas del cliente consiste en llegar a una comprensión compartida de lo que impulsa el comportamiento del cliente. Gracias a ello podemos reforzar dicho comportamiento (si nos favorece), ampliarlo para que el cliente compre más, o cambiarlo haciendo que el cliente cambie el producto o servicio de la competencia por el nuestro."

El servicio está en los ojos del observador. Si tu firma de abogados se destaca por medio de la ventaja competitiva del servicio excepcional, esto será así en la medida que el cliente piense que es así. No tiene relación alguna con lo que creas como director del negocio, a menos que tu creencia coincida con las actitudes de los clientes.

Utilizaremos el término al referirnos a "aquella actividad interna o externa del individuo dirigida a satisfacción de sus necesidades y deseos mediante la adquisición de bienes y servicios" (Arellano, 2002).

De tal manera que al aplicar el término a la adquisición y uso de servicios de abogados añadiríamos que el comportamiento del consumidor busca de manera específica la satisfacción de necesidades mayormente imprevistas.

Al aludir a actividades externas, nos referimos a la búsqueda de la oferta de servicios legales, descubrimiento del servicio, compra o contratación, uso del servicio, comprar más servicios y la difusión de la conciencia.

Con actividades internas aludimos a la necesidad y deseo de un servicio específico (Por ejemplo: divorcio, compra-venta, defensa penal, etc.), análisis del servicio, determinar el valor, lealtad hacia la marca del servicio o la influencia psicológica producida por la interacción con la marca.

En este sentido, podemos añadir que servicio profesional de un despacho de abogados habitualmente es la aplicación de experiencia y conocimiento a la solución de casos individuales, para obtener un resultado de calidad no estandarizado.

De ahí la importancia de las comprensiones profundas del comportamiento de nuestros clientes, porque no se obtienen solamente de los datos y de la inteligencia analítica derivada de un software. Hace falta la intervención humana. Un abogado inteligente es aquel que añade a sus competencias profesionales la generación de comprensiones profundas del cliente, mediante la integración de un equipo bien motivado y equipado.

Las múltiples perspectivas, acota Hastings, representan conocimientos y experiencias que utilizan la colaboración del equipo interdisciplinar para generar, clasificar y priorizar las ideas con rapidez, clave en la generación de soluciones apetecibles por los clientes de servicios legales. Un cliente que ya da muestras de desagrado y cansancio ante la eventual contratación de dichos servicios.

No hay duda alguna de que el servicio es una experiencia emocional, no solo un compendio de datos y números. De ahí que generar comprensiones profundas del comportamiento de nuestro consumidor, que se traduzcan en proporcionar un servicio que exceda sus expectativas, es un desafío constante.

Debra Stevens (2012) señala que, desde la perspectiva del servicio al cliente, hay dos tipos de negocios:

Servicio donde, incluso antes de tener cualquier interacción con la marca, el cliente ya tiene una emoción positiva; por ejemplo, si tiene una cita en un *spa* lujoso, estará en un "lugar donde se sentirá bien".

Servicio donde "se sentirá mal" incluso antes de contratarlo, por ejemplo, dentistas y abogados.

¿Cuál creen ustedes que es la emoción de un cliente que va a tu despacho a plantear un caso de infracción de la propiedad intelectual, de separación de bienes conyugales, de reparo tributario, etc.? Desde luego que negativa. A la hora de ofrecer un servicio de calidad, esto reviste un gran desafío para cualquier firma porque los clientes ya se sienten infelices antes de hacer contacto.

Cualquier momento en el que un cliente entra en contacto con cualquier aspecto de tu negocio es una oportunidad para formar una impresión. "Los momentos de la verdad los experimenta el cliente como *malos, neutros o estupendos*" (Stevens, 2012). La suma de muchos momentos de la verdad neutros, pasan a ser malos, dado que no generan ninguna emoción real positiva.

Si deseas llevar a tu cliente de la emoción previa negativa hacia el lado positivo de una escala emocional, a su vez generar comprensiones profundas de su comportamiento, toma en cuenta los siguientes tips:

<u>Ambiente adecuado</u>: es el lugar tanto físico como virtual donde el cliente tiene la experiencia, la recepción de la oficina, sala de espera, el sitio web de la firma. El aroma que huele, el sonido que escucha y cómo se siente ¿El ambiente de tu despacho es acogedor y agradable? ¿El sistema de atención telefónico y la web es rápido, eficiente y fácil de entender?

<u>Cortesía</u>: todos tenemos días malos, pero jamás debemos olvidar esta regla de platino: "trata a tu cliente como desea ser tratado". El objetivo es que el cliente se vaya sintiéndose emocionalmente positivo.

<u>Flexible</u>: evita en lo posible utilizar la excusa de la odiosa "política de empresa" o los "términos y condiciones" para no ayudar a tu cliente. Siempre, siempre y siempre trata de ayudarlo y de ser tan flexible como te sea posible.

<u>Responsabilidad</u>: no sufras de "excusitis", porque puede ser muy irritante para tu cliente. Dar excusas y no asumir la responsabilidad es algo que se nota. La actitud correcta logra que tu cliente, que ya viene negativo, se sienta aliviado y agradecido por el esfuerzo hecho en ayudarlo.

<u>Disculpa eficaz</u>: culpar al cliente es una manera de no asumir la responsabilidad. Cuando las cosas salen mal, siempre hay que disculparse por ese sentimiento negativo que tiene el cliente, y luego haz el esfuerzo de entender el problema en cuestión.

<u>Cumple tu promesa</u>: de lo contrario no prometas nada. Cumplir lo prometido elevará la emoción y expectativas a altos niveles positivos.

<u>Comunicación</u>: estar en contacto y con honestidad, manteniendo informado al cliente es una manera de llevarlo a la emoción positiva.

VII. La Cadena Servicio-Beneficio como ventaja competitiva sostenible de una firma de abogados.

El marketing de servicios es considerado la fuerza dominante en el marketing. En círculos académicos se habla de la "lógica de servicio dominante", donde el papel predominante de las empresas es brindar servicio.

Por ejemplo, Starbucks revolucionó la industria del café y las reglas convencionales de la gerencia de empresas, al ofrecer la "experiencia Starbucks" y su lógica del servicio dominante. Su experiencia de marca está guiada por su gente, que va más allá de solo vender café. Tienen clara su ventaja competitiva, ya que para ellos no solo cuenta lo que la empresa "tiene y hace", sino también lo que "es y hace sentir".

Los clientes tienen expectativas: este es un concepto muy importante. Un problema muy común al iniciar la planificación del sistema del servicio es determinar cuál es el nivel de expectativas de sus clientes por la siguiente razón: si hacemos menos de lo que los clientes esperan, el servicio será malo; si hacemos más de lo que los clientes esperan, el servicio será percibido como algo superior.

Los clientes no distinguen entre usted y la organización para la cual trabaja. En la mente de su cliente, usted es la firma. Los sentimientos buenos o malos que tengan los clientes hacia la firma con frecuencia se relacionan directamente con la experiencia que han tenido con usted y la forma en la cual ha contribuido a satisfacer sus necesidades.

Cada interacción entre un cliente y usted es un momento de la verdad en el ciclo del servicio. Si usted brinda servicios y se equivoca en alguna etapa del ciclo, probablemente estará borrando de la mente de su cliente los recuerdos del buen trato que había recibido hasta ese momento. Pero si acierta, tiene la oportunidad de deshacer los desaciertos que pudieran haber ocurrido antes que el cliente llegara a usted.

La fidelidad del cliente es un factor clave para el crecimiento de los beneficios a largo plazo de cualquier negocio. Para ganarse esa fidelidad, toda la organización debe satisfacer al cliente repetidas veces y solo se puede hacer eso en la medida que sepa detectar cada momento de la verdad de la interacción con él y que entienda que cada punto de contacto es una oportunidad en favor de la experiencia del consumidor.

La cadena servicio-beneficio facilita dicha tarea al establecer una relación entre la satisfacción del colaborador, la fidelidad del cliente y la rentabilidad de la firma. Se hace hincapié en las personas –tanto clientes como empleados- como eslabones de una poderosa cadena cuyo reforzamiento solo sabe producir sinergia (Heskett y otros, 1994).

Los eslabones de la cadena servicio-beneficio:

La lealtad del cliente impulsa la rentabilidad y el crecimiento. Durante décadas los gerentes del sector servicios han buscado el santo grial de la rentabilidad, han introducido modelos como el de cero defectos de la industria manufacturera, sin éxito, ya que no concuerda con la realidad heterogénea de los servicios.

Cada consumidor tiene su propio conjunto de expectativas y requerimientos, difíciles de identificar. El modelo que funciona se denomina "cero deserciones", dado que el esfuerzo se concentra en procurar activamente retener a los clientes antes de que deserten y se vayan con la competencia. La satisfacción del cliente -un componente básico de la máxima rentabilidad- hace que los clientes sigan más tiempo con la empresa.

La lealtad es resultado directo de la satisfacción del cliente. ¿Cuál es la principal razón por la que no regresan los clientes? La respuesta correcta es que asombrosamente 68% de los clientes no regresan por la manera en la que fueron tratados por algún miembro del personal de contacto. Esto significa que es el personal quien pierde al cliente porque lo trata mal de alguna forma.

Lo importante es que solo necesitamos estar más conscientes de nuestro impacto. De la calidad de dicho impacto tendremos clientes embajadores o clientes terroristas. A los clientes les importa lo suficiente la compañía como para recomendar a otros sus productos o servicios.

La satisfacción está influenciada por el valor de los servicios que se brindan al cliente. Se refiere a la calidad interna del entorno de trabajo, la cual contribuye primeramente a la satisfacción de los empleados y se refleja en la satisfacción del cliente. Los clientes se muestran menos sensibles a las variaciones de los precios y suelen vincularse con la empresa.

Los colaboradores satisfechos, fieles y productivos crean valor. Existe una relación muy clara entre la satisfacción del empleado y la satisfacción del cliente. Digámoslo de otra forma, si quiere satisfacer a sus clientes, ¡la satisfacción del empleado es fundamental!

La cara pública de una empresa que presta servicios es su personal de contacto. Cuando las empresas logran la satisfacción de sus equipos de trabajo, éstos permanecen más tiempo en ella, se involucran más profundamente en el proceso, recomiendan modos de mejorar los productos y servicios de la empresa, y trabajan más para satisfacer al cliente.

La satisfacción del personal es el resultado de servicios y políticas de apoyo de alta calidad que permiten a los colaboradores servir bien al cliente. En una situación ideal, la empresa encauza, enseña y autoriza a sus colaboradores para que tengan un papel vital en lo referente a asegurar la satisfacción del cliente y los beneficios que se desprenden de ella.

La gestión de los colaboradores y de la experiencia de servicio es acerca de personas y requiere de gerentes hábiles que puedan manejarse en la delgada línea entre las necesidades de la organización, de los colaboradores y los clientes. Gerentes que sepan que todas las personas son importantes para la organización y que, si uno falla, la empresa limita la calidad y eficiencia de sus servicios.

Sin embargo, este gerente debe estar consciente de que ofrecer un buen servicio constantemente puede ser bastante difícil. Esto se debe a que el servicio al cliente lo dan los colaboradores y los humanos son menos constantes que las máquinas. Por esto, el esfuerzo gerencial implica lograr identificar a cada miembro del equipo de trabajo de manera individual, igualmente ser consciente de la importancia y trascendencia de todos y cada uno sobre la función total de servicio de cualquier organización.

En definitiva, los directivos deberán comprender que, aunque lleva bastante tiempo y esfuerzo construir una tradición y reputación de buen servicio al cliente, se trata de un activo estratégico valioso poder lograr esa sinergia que ofrece la cadena servicio-beneficio. Una vez que una empresa se ha ganado la fama de ofrecer un buen servicio, puede mantener esta ventaja durante mucho tiempo porque para cualquier empresa de la competencia es difícil desarrollar una reputación comparable.

VIII. El arte de anticiparse y superar las expectativas de los clientes.

En el ámbito del derecho del consumidor se estudia la doctrina de los actos propios como herramienta (causa) que somete a las empresas a la exigencia del cumplimiento de una conducta que busque satisfacer las necesidades de los clientes, constituyendo así un derecho de expectativa (consecuencia) en favor de los consumidores.

La reflexión que haremos en este artículo versa sobre la relación que hay entre este principio de los actos propios de las empresas que dan pie a un razonable derecho de expectativas de los consumidores y su aplicación práctica, de forma hasta artística, en el marketing de servicios profesionales de abogados.

En ese sentido, Celia Weingarten (2004) señala:

"El *marketing*, la información y la publicidad son actos propios productores de efectos jurídicos (lo mismo que una marca o un nombre comercial) que integran la constelación de hechos en que el individuo apoya su comportamiento y fundamenta su obrar (consecuencia de aquella causa), proporcionando a su vez la necesaria seguridad jurídica y económica a los negocios.

Como en todo orden social, en el derecho subyacen determinadas expectativas de comportamiento; los actos de las empresas facilitan las expectativas de los consumidores."

Por tanto, el cliente no tiene otra alternativa más que confiar en tales actos de la empresa, y mantener expectativas razonables ante una oferta que motiva su conducta de consumo.

El siguiente es un listado de actos propios de la empresa que generan expectativas razonables en el consumidor:

La ética. El comportamiento ético de tu firma va a crear un valor económico adicional importante. Lo cual constituye también la obligación de dar continuidad a tales actos éticos, ya que el cliente tendrá expectativas razonables sobre la calidad del servicio que le prestas.

Wayne Reaud, abogado procesalista norteamericano especialista en demandar corporaciones con comportamientos social y ambientalmente irresponsables y antiéticos, señala en modo jocoso que si las personas de negocios en los Estados Unidos leyeran el libro "Es Negocio ser Honrado", de Jon Huntsman (2005) podrían dejarlo sin trabajo.

Esto refleja la importancia que reviste la ética para una economía de libre mercado. "Un comportamiento ético es más beneficioso para los intereses individuales, pues no hay mejor negocio para una organización que proyectar una imagen social políticamente prolija" (Weingarten, 2004). La honestidad no es la mejor regla cuando de servicio al cliente se trata, es la *única* regla. Mentir o engañar al cliente es antiético y terminará por frustrar sus expectativas y en reflejarse en la cuenta de resultados socioeconómicos del negocio.

La marca. Los denominados signos distintivos de la empresa, que forman parte de su propiedad intelectual, juegan un papel esencial en la competitividad empresarial.

La marca destaca como el signo con las funciones más preponderantes de este proceso, dado que por el solo hecho de exponerse al público es capaz de diferenciarse de sus competidores, y dar a los productos o servicios que distinguen una garantía de continuidad para el consumidor.

Esta función distintiva "le permite al consumidor comprar lo que quiere. Al hacerlo está premiando el esfuerzo del dueño de la marca quien venderá más y así aumentará sus ganancias" (Otamendi, 2003).

Esto sin dudas genera las expectativas razonables en los clientes de poder distinguir los buenos productos y servicios de los malos. Y si una marca no es capaz de distinguirte en el mercado, entonces no será marca en los términos que lo estamos exponiendo.

<u>La comunicación de marketing</u>. Los mensajes publicitarios, de venta, los textos persuasivos en tu sitio web, infoproductos digitales, atención al cliente y demás eventos de comunicación crean expectativas que generan derechos para el consumidor de obtener lo prometido por el anunciante.

Si tu mensaje de marketing induce o puede inducir a error al público destinatario estaría sin lugar a dudas, frustrando una expectativa razonable de congruencia entre lo publicitado y lo que se hace una vez contratado el servicio.

Hoffman y Bateson (2012) señalan que "las expectativas se pueden determinar por algo tan explícito como una promesa (por ejemplo: su comida estará lista en cinco minutos) o tan implícita como un patrón de comportamiento que determina el tono (por ejemplo: un saludo cordial al entrar a la oficina)".

De ahí la obligación que tienes de optimizar siempre la información que difundes sobre los beneficios de los servicios que prestas. Esto en definitiva contribuye en lograr mayor transparencia y competencia real, beneficiosa para las empresas y consumidores, dado que maximiza la libertad de elección de éstos.

El servicio. La contratación de un servicio asegura una relación continua con el consumidor, creando relaciones más estrechas, duraderas, interactivas y de "expectativas dinámicas". Esto ha generado en la empresa una nueva obligación: la eficacia en el servicio con la mira puesta en la fidelización de la clientela.

Lo hemos calificado de "arte" porque, siguiendo a Juan Carlos Jiménez (2011), atender artísticamente a un cliente es una decisión con la intención de influir positivamente en él. Es el resultado de tomar "una determinación superior sobre ti, sobre tu inteligencia, sobre tu brillo personal y todo el potencial creativo que tienes."

Además, Jiménez añade magistralmente lo siguiente:

"Cuando brindas atención con arte, las personas sienten que tuviste una valentía especial, un *coraje superior* para tomar la decisión de dar lo mejor de ti al atenderlas y ayudarlas."

De tal manera que, si tienes claro cuáles son los actos generadores de expectativas razonables de tus clientes y si deseas impregnar de "arte" el manejo de las mismas, te sugerimos dos fórmulas de comprobado éxito: Lagniappe y Kikubari.

Lagniappe: es un término que viene del francés cajún, del área de Nueva Orleans, que significa proporcionar algo adicional al servicio prestado, como detalle, lo cual supone superar las expectativas de los clientes.

En tu firma legal, lagniappe podría ser ofrecer servicios gratis, precios antiguos o alguna promoción de dos trámites o estudios, dictámenes, diligencias, etc., por el precio de uno.

Sam Walton, fundador de Walmart fue un abanderado en esta práctica de superar expectativas, la denominaba "hospitalidad agresiva". Walton se dio cuenta de que dar este pequeño paso adicional hacia los clientes, mostrando empatía y preocupación por sus necesidades, maximizaba las posibilidades de que regresaran una y otra vez a comprar en sus tiendas.

Lagniappe:

Se recibe inesperadamente.

Se establece una relación más íntima con el cliente.

Se muestra nuestra intención de no solo servirle, sino de deleitarle.

Así que este tipo de "actos propios" de tu firma son una manera de agregar valor a los clientes, a la experiencia de consumo y uso de tus servicios, superando constantemente sus expectativas razonables.

Kikubari. Es una forma de *lagniappe* practicado por los japoneses, que se define como "la capacidad de anticipar las necesidades de los otros" (Bergdahl, 2007). También conocida como empatía social, *kikubari* como concepto de atención al cliente, supone un equipo motivado y enfocado en anticipar, cubrir y superar las expectativas de los clientes.

Bergdahl se pregunta: ¿Cómo pueden esperar que los colaboradores descubran y anticipen las necesidades de los clientes si los directivos de la empresa no han descubierto las necesidades de la gente encargada de atender a esos clientes? Todo se resume en la declaración clásica de la cultura Walmart: "cuiden a su gente y ellos cuidarán al cliente y el negocio se cuidará por sí solo".

Kikubari hace referencia a la necesidad de tener en cuenta la gente que te rodea, de comprender que eres parte de un grupo (clientes y compañeros de trabajo) y de que debes tener en consideración a dicho grupo a la hora de comportarte, estar atentos a la sensibilidad de aquellos que nos rodean, comprender sus deseos o sus quejas antes de que las expresen, anticiparte a sus necesidades, desarrollar una percepción y sensibilidad especial ante las necesidades de las demás personas en el grupo.

Gracias al Kikubari:

Se evita la confrontación.

Se mantiene la paz y la armonía social y organizacional.

Se anticipa el conflicto.

Se toman medidas para remediarlo antes de que sea un problema.

Kikubari es ser buen "jugador de equipo". La etimología del término es *ki* (espíritu, fuerza vital, corazón), kubaru (propagar, extender). Así que, si eres un "jefe" sin *kikubari,* tendrás colaboradores desmotivados. Si tu firma no tiene *kikubari,* cosecharás clientes insatisfechos.

Gestiona el *lagniappe* de los servicios de tu firma dependiendo del tipo de servicio, su costo y los márgenes de utilidad que manejes.

Lagniappe ni *kikubari* son algo que se promocione públicamente ni que se ejecute con mucho alarde en la comunicación de marketing. De ser así, se convierte simplemente en un elemento más de sus esfuerzos publicitarios y no le da ninguna ventaja competitiva e, incluso, se hace exigible en términos de configurar parte de las expectativas razonables.

Aunque debe estar bien establecido y presupuestado, debe darle la sensación al consumidor de que su negocio es particular, es especial, en la forma en que le atiende y se preocupa por él.

Son formas de acelerar la conversión de un simple comprador a un cliente satisfecho que regresa y recomienda tu negocio a familiares, amigos y hasta desconocidos.

Debes saber cuántas unidades de servicios/productos puedes ofrecer durante el mes y cuál es el costo de éstas para mantenerte dentro del presupuesto.

Capacitación a toda la organización para ser útiles, educados y listos.

Satisfagan a un cliente insatisfecho *in situ* y al momento. Adopten la filosofía de que el cliente siempre tiene la razón.

IX Atención al cliente por medios digitales

No se pueden evadir las realidades que impactan sobre el mundo de la firma, debido a los nuevos modelos de comunicación donde el diálogo, y no el monólogo unidireccional, han determinado las estrategias de marketing.

La conversación dirige y condiciona la relación de las marcas con sus clientes. Estos últimos han dejado de ser sujetos receptores pasivos de los mensajes publicitarios y se han puesto a hablar con otros consumidores y con los emisores de esos mensajes, quienes son alabados, criticados, recomendados o comentados.

Larry Weber (2010) al referirse al nuevo posicionamiento de marca, lo sintetiza magistralmente así:

> "Posicionamiento de marca en redes sociales es el diálogo que usted tiene con sus clientes. Mientras más fuerte sea ese diálogo, más fuerte será su marca; mientras más débil sea el diálogo, más débil será su marca."

De ahí que las firmas que no entiendan este nuevo paradigma comunicacional y no estén en esos espacios de diálogo en línea se colocarán a la retaguardia de la competitividad y hasta podrían desaparecer del mercado.

El fracaso de muchas estrategias y campañas de comunicación digital en los medios sociales se debe a que los directivos y algunos "especialistas" en marketing no son conscientes de que la bidireccionalidad llegó para quedarse.

Campañas publicitarias y soporte al cliente en una sola dirección, se difunden a través de los nuevos medios sociales, usados como canales adicionales a los tradicionales, esperando que el usuario responda como se espera.

Muchos se olvidan que el cliente responde en tiempo real y se reúne en comunidades virtuales alrededor de las marcas, en conversaciones que éstas no pueden controlar.

Ante este panorama se aconseja:

> Ser más transparentes, confiables y creíbles. Que es acerca de la gestión relacional. Que ya no funciona hablar *para* los clientes, sino que se trata de hablar *con* ellos.

Entender que el marketing es mucho más que acciones sueltas, es la suma total de todo lo que haces. Es una filosofía que afecta a todas las operaciones de la organización. Que hay que conocer a fondo a nuestros clientes para atenderles y venderles. Cambiar del marketing transaccional hacia un nuevo marketing relacional.

Entender que el nuevo consumidor se encuentra expuesto muy a menudo ante tres pantallas: televisor, ordenador personal y al teléfono móvil, los cuales compiten por su atención y son utilizados de manera alternativa de acuerdo con la intención y necesidades del usuario o espectador, según el rol en que se encuentre expuesto. De ahí que la firma deberá conocer ese espacio de conversación social en internet, para diseñar y ejecutar estrategias eficaces de contenidos que agreguen valor a las audiencias.

Que dichos contenidos procuren siempre facilitar las decisiones del consumidor en todo su ciclo de vida (preadquisición, adquisición y postadquisición), apoyándolo en todo el proceso con contenidos útiles, relevantes y que estimulen el boca a boca, técnica que tiene mayor alcance hoy en día que cualquier promoción de ventas o campaña de publicidad masiva. Que no es necesario interrumpir su valioso tiempo, ni atravesarse o derribar muros para entrar en la vida del cliente, sino más bien establecer y crear espacios optimizados donde poder reunirse, encontrase y conversar de forma permanente.

Que las firmas que están a la vanguardia son las que han entendido que proveer excelente servicio al cliente es la clave de su éxito y prosperidad. Y que un servicio online excepcional es aquel que se caracteriza por escuchar al cliente que eligió decir cosas desde cualquier lugar, cualquier instante y cualquier plataforma. Entender que interactuar con los clientes, respondiendo sus preguntas, inquietudes, quejas, reclamos, solicitudes de asistencia, es una forma de obtener compresiones profundas de lo que hacen, piensan, les agrada y desagrada, facilitando procesos de innovación.

Se dice que la tecnología sin el elemento humano es solo un caparazón vacío. Es por esto que la multicanalidad, funcionalidades, plataformas, aplicaciones y demás servicios en línea, serán asombrosos y eficaces si funcionan bien.

Y la única forma de hacerlos funcionar bien es humanizando la tecnología, cubriendo en línea las mismas necesidades universales que tienen todos los clientes.

Debra Stevens (2012) enumera las siguientes:

Conocimiento e información: en la red el cliente toma el control y al no obtener la información fácil, adecuada y rápidamente, se irá a otro sitio en línea.

Facilidad: en internet los clientes tienen menos paciencia que en una llamada a un call center. Odian tener que pasar por demasiados procedimientos, y eso aumenta las posibilidades de abandonar el sitio.

Buen trato: no es buena idea prescindir del trato cercano y cálido en línea; aún son esenciales los básicos "por favor" y "gracias". Cuando se atiende al cliente en medios digitales, es muy importante "escucharlos" y responder a todos sus requerimientos.

<u>Paz mental</u>: los clientes necesitan sentirse totalmente seguros al hacer un pedido o presentar algún reclamo. Que serán respetados y resuelto el asunto a su favor si algo sale mal.

<u>Rapidez</u>: los medios sociales son tan inmediatos que los clientes no suelen ser pacientes. Se puede perder la lealtad del cliente si no se actúa con rapidez.

<u>Ayuda</u>: para los clientes es un valor agregado real saber que siempre pueden tener contacto con una persona real si el sistema de servicio en línea no le está solucionando sus problemas.

En conclusión, si bien la calidad del sistema de servicio al cliente y su elemento humano siempre han sido factores clave del éxito de cualquier negocio, en la actualidad han cobrado mayor importancia gracias a los medios sociales.

Las tecnologías de la comunicación otorgan voz al consumidor y facilitan la transmisión boca a boca tanto de las cosas buenas como de las malas.

Por tanto, quien desee estar a la vanguardia, deberá sumarse a la tendencia de generar nuevos canales que les permiten escuchar, responder y solucionar los asuntos de los clientes de manera inmediata y cercana.

X. Ventas y servicio: cómo ofrecer más y ser líder en el servicio al cliente.

Se suelen distinguir las ventas y el servicio como funciones separadas. Nada más lejano a la realidad, son dos caras de una misma moneda. El servicio al cliente incrementa la eficacia de las estrategias de marketing, incrementa las ventas y mantiene la recompra y recomendación de los clientes.

Si está en tus objetivos que la firma permanezca en el tiempo, será indispensable que las operaciones, el servicio y las ventas compartan la meta común de crear y retener a los clientes. En cuanto a la retención de los clientes, es de vital importancia que enfoques las actividades de marketing de la firma hacia la base de clientes actuales.

En ese sentido, Debra Stevens (2012) plantea cinco razones por las que es importante conservar a los clientes actuales:

Porque nos permiten recuperar el dinero que invertimos para conseguirlos. Cuanto más tiempo los retengamos, más nos retribuirán la inversión original de adquisición.

Es más probable que los clientes felices nos compren más. Es más fácil venderles, porque ya entienden nuestra oferta y confían en ella.

Los clientes leales cuestionan menos el costo de nuestros productos y servicios, porque saben que no los vamos a estafar.

Cuesta menos servirles. Son clientes con experiencia y hacen más fácil nuestro trabajo porque ya nos conocen y saben cómo trabajamos.

Si tus clientes actuales te recomiendan, conseguirás nuevos clientes gratis, e irán hacia tu oferta con un marco mental receptivo.

Las firmas que centran sus esfuerzos en la retención de clientes lo hacen a través de las siguientes estrategias que combinan ventas y servicio (Hoffman/Bateson, 2012):

<u>Marketing de frecuencia</u>. La meta que se persigue con esta técnica es que los clientes actuales sean más productivos, comprando más a menudo del mismo proveedor. Por ejemplo: cuando tu cliente compra un paquete o combo de servicios de tu firma, aumenta su valor, como si se tratara de una póliza de seguros jurídicos.

<u>Marketing relacional</u>. Es la unión ideal del servicio al cliente y las ventas. Se basa en el desarrollo de relaciones a largo plazo con una definición ampliada de los clientes: consumidor final, proveedores, colaboradores e influyentes. El valor real se encuentra en la relación a largo plazo con el cliente, porque los productos y servicios van y vienen. Por ejemplo: firmas que se "casan" con generaciones de familias que han usado sus servicios. Llegan a compartir el riesgo de negocios con sus clientes, estableciendo metas de ventas y reducción de costos conjuntamente.

<u>Marketing de postventa</u>. Hace énfasis en la importancia de conservar al cliente después de haberse realizado la venta inicial. Por ejemplo: un abogado que llame a su cliente para

informar sobre el progreso de su caso días después de la visita y contratación inicial de los servicios.

<u>Garantías de servicio</u>. Estrategia de reciente uso en empresas de servicios profesionales. Facilitan la lealtad del cliente, más ventas y motivan a la empresa que ofrece la garantía a mejorar su calidad en el servicio. Con esta estrategia, Bateson y Hoffman recomiendan evitar errores tales como: 1) prometer algo trivial y que el cliente espera normalmente, 2) establecer un sinnúmero de términos y condiciones como parte de la garantía y 3) hacer de la garantía algo prescindible y que nunca sea solicitada. Este tipo de garantías merece consideración especial en lo que respecta a los servicios profesionales, por su eficacia.

Son garantías que alivian los precios altos que conllevan la contratación de servicios profesionales.

El costo de un resultado negativo suele ser alto, por tanto, también lo es el poder de la garantía.

Los servicios profesionales de la firma suelen ser de alta personalización y baja estandarización, de ahí que la garantía alivia la incertidumbre asociada con los servicios.

Ayuda a diferenciarte en el mercado competitivo de proveedores de servicios de tu sector.

Ayuda a superar las barreras y resistencias de los clientes ante la incertidumbre del resultado y el altos costo.

Dentro de cada categoría de estrategias de marketing para retener clientes, podemos desarrollar de manera autónoma o combinada, una serie de tácticas en las que queda patente la máxima "una buena venta es un buen servicio y el buen servicio es una buena venta."

De tal manera que conocerlas y aplicarlas, te ayudarán a lograr la retención de clientes y a obtener variados beneficios, tales como a las utilidades derivadas de las ventas añadidas, ventas cruzadas, ventas creativas y de productos nuevos. Como consecuencia, encontrarás el Santo Grial de la retención de clientes: las utilidades derivadas de las referencias de los clientes satisfechos.

Las siguientes son algunas de las tácticas más importantes:

<u>Venta añadida</u>: este tipo de acciones hace que los clientes actuales se sientan valorados y comprendidos. Lo único que debe importarte es hacer feliz a tu cliente porque jamás olvidará cómo lo hiciste sentir. Si se siente entendido y atendido, harás más dinero y ganarás clientes leales. Es una táctica que no requiere mayor esfuerzo porque ya se realizó lo más difícil: la primera venta. Como asesor legal de tu cliente actual no intentes venderle algo más ni te muestres insistente, actúa de manera no convencional, interesándote genuinamente en su caso, esto hará que el cliente desee los servicios extras que le estás ofreciendo.

Stevens recomienda que al intentar vender algo más, debes evitar hacer preguntas cerradas, porque la respuesta muy a menudo es "no". En cambio, si ofreces algunas opciones de soluciones y le preguntas cuál de ellas le gustaría elegir (pregunta abierta) tendrás más posibilidades de cerrar una venta. Céntrate en las necesidades de tu cliente, no en tu necesidad de vender a como dé lugar. Procura que el cliente pruebe el servicio extra que quieres venderle.

<u>Venta cruzada</u>: deberás aplicar las mismas técnicas de venta y servicio de la venta añadida, pero con una dificultad adicional:

no estás vendiendo un producto diferente, al que el cliente muy probablemente no le dará importancia. Deberás dedicarle más tiempo a la relación con tu cliente para descubrir las oportunidades de venta cruzada. La venta cruzada suele surgir de manera natural, sin insistencia ni desespero.

<u>Venta creativa</u>: se trata de sorprender a tus clientes al presentarle soluciones nuevas a necesidades que ni siquiera saben que tienen o resolverles problemas que piensan que no tienen solución. Este tipo de venta lleva la relación a un nuevo nivel donde te conviertes en un "consejero confiable". Empezarán a verte como socio, y será muy improbable que se vayan a otro proveedor de servicios.

<u>Venta de productos nuevos</u>: aquí solo resta decir que, si tu cliente actual ya cree en ti, será la mejor persona para probar tus nuevos productos y servicios. Si ya le brindas servicio de calidad en todos los momentos de la verdad, estarán felices correr el riesgo probando algo nuevo y, con suerte, lo van a recomendar a otros potenciales clientes.

En conclusión, si quieres conservar a tus clientes, cuídalos, así encontrarás que es fácil ofrecerles más, porque querrán escucharte y confiarán en ti. No es un delito ofrecer y vender algo más si primero les has brindado un servicio excepcional. Siempre será un buen negocio.

XI. Plan de Mercadeo para abogados

"*Al prepararme para la batalla, siempre me he dado cuenta de que los planes son inútiles, pero la planeación es indispensable.*"
Dwight Eisenhower

Con esta frase de "Ike" marcamos la pauta de nuestra reflexión. La mayoría de los planes de marketing suelen ser inútiles, por diversas razones:

La planificación a largo plazo en un negocio es imposible, porque solo son conjeturas. Fried y Hansson sostienen que hay demasiados factores fuera del alcance de la dirección de un negocio: las condiciones del mercado, los competidores, los clientes, la economía, etc. Un plan solo te hará creer que tienes control sobre estas cosas, en cambio una conjetura de marketing te ahorra estrés y preocupación.

Los planes no son compatibles con la improvisación. Los planes suelen decir "vamos hacia allá porque establecimos que era donde íbamos". Pero tienes que ser capaz de improvisar. Hoy en día se evidencia más aquella frase que indica que lo más constante es el cambio. Y la estrategia emergente pasa a ser más común que la planificada. En ocasiones te verás obligado a tomar una nueva dirección en tu plan de marketing porque eso sería lo más coherente *hoy* (Fried y Hansson, 2010).

Los planes llenos de folios acaban en tu archivador. Kotler señala al respecto:

"Mi experiencia con los planes de marketing es que la mayoría de ellos son pésimos. Algunos están sobrecargados con números y anuncios obsoletos y carecen de una estrategia convincente, o la tienen, pero sin relación con las tácticas, o los objetivos no son realistas, o requieren un presupuesto poco real, o los controles no son adecuados para la retroalimentación y la revisión del plan." (Kotler, Philip. 2008).

Lo anterior no pretende invalidar la utilidad de planear tu estrategia de marketing, todo lo contrario. Se trata de que cada vez que hagas las conjeturas sobre la estrategia de tu firma, puedas impregnarla de la seguridad de que vas a ganar antes de comenzar.

De hecho, Kotler sostiene, justo luego de criticar fuertemente a los planes de marketing que, para entrar al mercado con un plan efectivo deberás introducir "algo mejor, más nuevo, más rápido o más barato." Ningún plan pobre sobrevive, deberás revisarlo constantemente, porque tal vez tengas que rediseñar tu plan una vez que esté en curso.

No se trata entonces de no planificar, sino que al desarrollar el plan será clave reaccionar adecuadamente a los sucesos y circunstancias que surjan sobre la marcha. Y esto será viable en la medida que tu enfoque no esté en el plan, sino en la planeación. La planeación te obliga a pensar cuidadosamente, con visión futurista y de manera sistemática (Kotler, 2008). Se debe evitar:

Incluir muchos números, presupuestos y anuncios sin plantear objetivos, estrategias y tácticas claros y convincentes.

Que, aun estando claros los objetivos, la estrategia no sea convincente.

Que las tácticas estén establecidas claramente, pero que no tengan relación con la estrategia.

Ignorar las nuevas condiciones del mercado y la necesidad de una nueva estrategia y elegir "jugar seguro" siguiendo el plan del período anterior.

Ignorar que los diferentes instrumentos de marketing cambian en su efectividad con demasiada regularidad.

Visto lo anterior, consideramos importante definir el plan de marketing como un mapa de rutas para tu firma, al contrario de pensarlo y elaborarlo como un denso documento a archivar.

Para Ros Jay (2004) tu plan de marketing debe dar respuesta a tres cuestiones básicas:

<u>¿Dónde te encuentras?</u> Si dibujas un camino en un mapa de rutas, debes saber desde dónde empiezas antes de poder elegir el mejor camino para llegar a tu destino. Existen tres formas de quedarte estancando en este proceso de verificar el punto donde te encuentras y son: el conformismo (asociado con el *status quo*), la mirada hacia pasado y el miedo.

Una vez superado esto deberás tener claro que tu plan de marketing empieza a partir de ahora. El ejercicio ideal para dar con respuestas sobre dónde te encuentras es obtener información sobre tu producto/servicio, sobre tus clientes y prospectos, sobre tu posición competitiva y sobre tu firma. Es muy saludable hacer este ejercicio, dado que te sorprenderás de algunos aspectos del marketing de tu firma que has pasado por alto.

<u>¿Hacia dónde te diriges?</u> Esta parte del proceso sirve para aclarar cuál es la meta que se quiere alcanzar. Puedes llamarlo sueño, meta, objetivo, deseo, etc., pero para clarificar este elemento de tu plan, deberás identificar los factores clave para

tu éxito, lo que definitivamente deberías obtener para lograr tus objetivos. Asimismo, deberás fijar tus objetivos y plantearte hipótesis bien fundadas para realizar una previsión de tus ventas en el período seleccionado de tu plan.

<u>¿Cómo harás para llegar?</u> En esta etapa tendrás que proyectar el camino para cerrar la brecha entre donde te encuentras y hacia donde deseas llegar. Al caer en cuenta de esta brecha, es posible que te sientas incómodo y frustrado y tu mente buscará resolver esa situación. La única vía para solventarlo es hacer todo lo posible para avanzar hacia el logro de lo que deseas alcanzar con tu marketing.

Esta etapa es, en esencia, el plan de marketing, porque contiene tareas concretas y objetivos específicos. Te ayuda a plantearte lo que harás para alcanzar con precisión cada objetivo, con qué frecuencia lo harás, cuánto te puede costar y qué resultados esperas de cada acción.

Como puedes ver, es una herramienta de trabajo muy eficaz que busca cerrar esa brecha entre dónde estás y dónde realmente quieres estar. Deberás mantenerlo fuera del archivador y procurar que toda la organización esté al tanto de su contenido y utilizarlo con frecuencia. De esta manera, los conocimientos y puntos de vista de todos los departamentos harán que tu plan sea más realista, y que todos los colaboradores tengan claridad sobre la dirección hacia donde avanza la firma y te permitirá dirigirla con éxito.

Para cerrar, Fried y Hansson sentencian que establezcas lo que vas a hacer esta semana, no este año. Determina de todo lo anterior cuál es tu siguiente máxima prioridad y ejecútala. Puede dar miedo. Pero "seguir a pies juntillas un plan que nada tiene que ver con la realidad da aún más miedo."

XII. El abogado vendedor

*"*M*uchas personas no saben lo que quieren porque no saben lo que está disponible"*
Zig Ziglar

Esta frase del renombrado autor Zig Ziglar resume la esencia y el sentido del vender: conocer a tu cliente de tal manera que transmitirle tu oferta y establecer un dialogo con él se traduzca en relaciones duraderas y transacciones satisfactorias para ambos. Cuando un abogado logra crear y mantener estas dos ventajas sobre la competencia, estará haciendo lo que todo profesional, le guste o no, tiene que hacer: vender.

Controlar las funciones de tu firma y conocer al detalle el mercado, son en realidad parte importante de una función mucho más amplia que se conoce como marketing. Implica una orientación que deberás tener hacia esa interacción con el consumidor de tus servicios y que tus operaciones estén coordinadas de tal manera que toda la organización realice actividades que busquen satisfacer las necesidades de tus clientes sobre una base de beneficio mutuo.

¿Hablamos de venta o marketing?

La mayoría de las empresas utilizan la palabra "marketing" habitualmente como sinónimo de venta o un título más exuberante para referirse a publicidad. Esto debido a una tradición corporativa de confundir el rol comercial o de marketing con "vender lo que se produce" y marketing no es vender lo que producimos sino proporcionar los satisfactores que el mercado espera. Durán-Pich (2007) señala que:

"El marketing como filosofía pone el acento en el mercado y en el proceso de ajuste para maximizar los intereses del cliente. El marketing como función hace explícita esa filosofía. La mayoría de las empresas todavía no han comprendido ni lo uno ni lo otro."

¿Cómo hace el marketing para proporcionarle al mercado esos satisfactores? Estudiando al consumidor, generando comprensiones profundas de sus actitudes, detectando las necesidades no satisfechas, procurando maximizar ese proceso mediante el cual se crean productos y servicios que generen satisfacción y rentabilidad sostenibles.

Las ventas son una variable de comunicación de marketing. No es lo mismo hablar de marketing que de publicidad o venta. El marketing facilita que nos compren, que seamos atractivos y visibles en nuestra oferta y que nuestro cliente valore nuestra diferencia. En cambio, la venta es una herramienta al servicio de la estrategia de marketing. Con ella comunicamos los atributos distintivos –emocionales y funcionales- de nuestros productos y servicios con el ánimo de pactar y cerrar un acuerdo de intercambio de dicha oferta con una contraprestación de parte del cliente.

Una firma cuya orientación sea hacia el cliente, exige que todos actúen como vendedores, utilizando los medios para alcanzar los objetivos y el éxito.

¿Abogado vendedor?

Para dar respuesta a esto hay que hacer un acercamiento honesto hacia lo que significa ser un profesional del derecho. La práctica de la abogacía en este mundo tan competitivo exige ser enmarcada en determinados mercados y ser gestionada como un "producto o servicio" que otros compran y valoran. Por tanto, te corresponde trabajar en el marketing (quién eres, quiénes son tus clientes, cómo nos perciben y qué representamos para ellos), y dentro del marketing, la venta será esencial en tu estrategia.

Tu cliente y tú se necesitan mutuamente a la hora de crear y usar el "producto jurídico", dado que se trata de un bien intangible que se renueva constantemente por medio de una relación a mediano y largo plazo que se debe construir y sostener.

De ahí que esto amerita dedicación y esfuerzo especial en esa dupla servicio/venta. Capacitación planificación y medición sobre lo que hacemos y el cómo lo hacemos.

Debemos distinguir la acción de vender los servicios jurídicos con la de abogar, que también comporta vender. Abogar para Álvarez Trongé (1999) es interceder, hablar en favor de alguien, auxiliar, proteger, representar, asesorar, persuadir, defender los derechos del cliente y obtener resultados. Podemos ver que las técnicas de venta y negociación son imprescindibles para un abogado y que el elemento común en la acción de abogar y vender es la persuasión. Sin persuasión no existe la venta ni la abogacía.

¿Cuáles son las características del abogado-vendedor profesional?

Un abogado vendedor debe estar capacitado para hacer frente a mayores responsabilidades. Debe tener un alto nivel educativo, formado y con experiencia en habilidades de comunicación interpersonal eficaz. Reinares Lara y Calvo Fernández (1999) enumeran 8 actuaciones para ser un vendedor profesional:

Actúa con mentalidad de marketing.

Está orientado hacia el cliente.

Procura satisfacer necesidades y deseos del cliente.

Destaca la ventaja diferencial de sus productos y servicios en el mercado competitivo.

Enfocado en la solución de problemas.

Actúa como intermediario entre el mercado y la firma.

Vende con responsabilidad social.

Establece relaciones duraderas con los clientes, como estrategia de marketing relacional.

A estos profesionales se les confían funciones muy variadas de gran complejidad y responsabilidad dentro de la firma.

¿Cómo desarrollar la capacidad del abogado-vendedor?

Para capacitarse en ventas, primero deberán establecer los siguientes objetivos:

<u>De conocimiento</u>: aquello que se espera que haga el profesional al final del período de formación (ejemplo: ser capaz de hacer presentaciones en público tipo pitch de ventas y storytelling), las condiciones en las que debe poder hacerlo (ejemplo: presentaciones adecuadas para reuniones con pequeños grupos) y los niveles de rendimiento que ha de alcanzar (ejemplo: utilizando la técnica oratoria tipo TED Talks).

<u>De habilidad</u>: mejorar la capacidad en el arte de vender podría ser un objetivo general. Por eso se deberán explicitar las habilidades que se quieren aprender, tales como las fases de la presentación de ventas y enumerar los factores correspondientes a cada fase, por ejemplo: elementos a tomar en cuenta en el proceso de manejo de objeciones.

Los objetivos deben ser específicos, realistas, alcanzables y medibles en el tiempo.

Una vez determinados los objetivos, respondemos las siguientes preguntas:

¿Qué debe enseñarse? La firma, su política y procedimientos; los productos y servicios, la competencia; técnicas de venta y la organización del trabajo.

¿Dónde debe enseñarse? Oficinas o sala de formación de la firma, salón de hotel, cursos fuera de la firma con proveedores-consultores especializados, internet.

¿Quién debe enseñar? Es tarea básica de todo jefe de la firma la función de formación, por aquella ley fundamental de coherencia entre responsabilidad y autoridad. No obstante, se puede dar el caso de la delegación de la responsabilidad en consultores.

¿Cómo debe enseñarse? Para impartir conocimientos es válido hacerlo por medio de conferencias, cursos, video foros, etc. Para enseñar habilidades, es imperativo adquirirlas a base de prácticas, pruebas y equivocaciones. La formación en ventas debe ser marcadamente participativa.